朝つめるだけ！

スープジャーのサラダ弁当

「保冷力」を活かして野菜が新鮮

検見﨑聡美 Satomi Kenmizaki

JN187012

青春新書
PLAYBOOKS

スープジャーの「保冷力」で、〝ひんやり〟がおいしいサラダ弁当を

最近、スープジャー使っていますか？

寒い季節以外は登場する機会がなく、しまい込んでしまっているという人も少なくないでしょう。

確かにこれまでスープジャーは、温かい料理が食べられると、その高い保温力に注目が集まっていました。でも実は、スープジャーには冷たいものを冷たいまま保てるという特性もあるのです。

本書では、その高い「保冷力」に注目！　スープジャーを使って、野菜たっぷりのサラダ弁当はいかがでしょうか。

サラダ弁当は、〝ひんやり〟もごちそうのうち。スープジャーなら、ランチタイムに作りたての新鮮なおいしさを楽しめます。

そのうえ、作り方も驚くほど簡単。最近人気の「ジャーサラダ」のように、用意した具材を下から層を作るようにつめるだけ。忙しい朝に大助かりです。

しまい込んでいるスープジャーを、野菜たっぷりのランチに活用しましょう！

朝つめるだけ！
スープジャーのサラダ弁当

contents

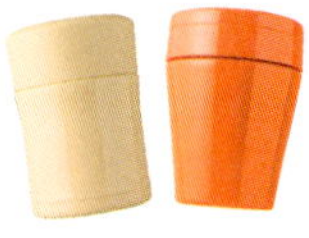

"ひんやり"もごちそう！

【スープジャーのサラダ弁当】の
作り方と食べ方

1　「ラタトゥイユ」や「野菜のマリネ」など、〈サラダ弁当のための作りおき〉を、休日や前日に作って、冷蔵庫で保存する。

point
作りおきおかずひとつで、お弁当が何種類も作れる

2　そのほかの材料も、前日の夜に準備して、冷蔵庫で冷やしておく。

point
材料は下ごしらえや調理をして、すべて冷やしておくこと

3　お弁当当日。スープジャーにたっぷりの氷を入れ、水を注いでフタをする。よく振って、そのまま5分おく。

point
スープジャーも、よく冷やす

4 スープジャーの水と氷を捨て、すぐにサラダ弁当の材料を順番につめて、フタをする。

point
スープジャーの中が冷たいうちに、素早くつめる

5 食べるときは、箸やフォークなどで全体をよく混ぜる。

point
スープジャーの底のほうから

6 おにぎりやパンと一緒に食べると、バランスいいランチに。

本書の決めごと

◎材料
1人分です。

◎大さじ・小さじ
大さじ1は15㎖、小さじ1は5㎖です。

◎スープジャー
本書のレシピは300㎖のスープジャーを基準に作られています。お持ちのスープジャーが300㎖以上でも、もちろん問題ありません。

作りおき

サラダ弁当のための

ラタトゥイユ

夏野菜いっぱいのお惣菜。
冷やして食べてもおいしいのは、もうご存じですよね。
おかずにもパスタのソースにもなるので、お弁当に重宝します。

【材料】3～4食分

トマト…大1コ
玉ねぎ…1/4コ
セロリ…1/2本
赤パプリカ…1/2コ
なす…2本
ズッキーニ…1本
ピーマン…2コ
にんにく…1/2かけ
オリーブ油…大さじ2
トマトの水煮（角切り）…200g

A
ローリエ…1枚
タイム…少々
オレガノ…少々

塩…小さじ1/2

【作り方】

❶トマト、玉ねぎ、セロリ、赤パプリカ、なす、ズッキーニ、ピーマンは1.5cm角に切る。にんにくはつぶす。

❷鍋にオリーブ油とにんにくを入れて中火にかけ、トマト以外の野菜を炒める。全体に油がまわったら**A**を加え、塩をふり入れて軽く炒め、トマト、トマトの水煮を加える。

❸野菜が柔らかくなって、汁気がほとんどなくなるまで、ときどき混ぜながら煮る。

❹保存容器に入れ、粗熱がとれたら冷蔵庫で冷やす。

作りおき

ラタトゥイユを使って

夏野菜いっぱいのパスタサラダ弁当

サニーレタス…適量
ひと口大に切って水にさらし、
パリッとしたら水気をきる。

カッテージチーズ
…適量

サラダ用
スパゲティ…適量
ゆでて、塩、こしょう、
酢で和える。

ラタトゥイユ…適量

作りおき

ラタトゥイユを使って

夏野菜とツナのパリパリサラダ弁当

きゅうり…適量
細切りにする。

ツナ…適量
粗くほぐす。

赤唐辛子(粗びき)
…適量

ラタトゥイユ…適量

作りおき

ラタトゥイユを使って

夏野菜と大根のコンビーフサラダ弁当

大根…適量
7㎜角に切る。

万能ねぎ…適量
小口切りにする。

粗びき
黒こしょう
…適量

コンビーフ
…適量
1㎝角に切る。

ラタトゥイユ…適量

作りおき

サラダ弁当のための

野菜のマリネ

大きめの野菜が食べごたえ十分。
バテ気味のときも、食欲がないときも、
これさえあれば、さっぱりと食べられるお弁当が作れます。

【材料】3～4食分

赤パプリカ…1/2コ
玉ねぎ…1コ
セロリ…1/2本
ズッキーニ…1本
かぼちゃ…1/8コ
オリーブ油…大さじ2

A
酢…大さじ2
塩…小さじ1/2
こしょう…少々
オリーブ油…大さじ2
パセリのみじん切り…大さじ2
オレガノ…少々
タイム…少々

【作り方】

❶赤パプリカは乱切りにする。玉ねぎ、セロリ、ズッキーニ、かぼちゃは7㎜厚さに切る。

❷保存容器に **A** を混ぜ合わせて、マリネ液を作る。

❸フライパンにオリーブ油を中火で熱し、❶の野菜をこんがり炒めて、❷のマリネ液につける。

❹粗熱がとれたら冷蔵庫で冷やす。

作りおき

野菜のマリネを使って

野菜とほたてのカレーマリネ弁当

ほたてのカレーソテー…適量
ほたての貝柱に塩、こしょう、カレー粉をふって、サラダ油で炒めて火を通す。

クレソン…適量
葉を摘んで水にさらし、パリッとしたら水気をきる。

野菜のマリネ…適量

野菜とかにかまのしそマリネ弁当

しそ…適量
ひと口大に切って水にさらし、パリッとしたら水気をきる。

レタス…適量
ひと口大に切って水にさらし、パリッとしたら水気をきる。

かにかまぼこ…適量

野菜のマリネ…適量

野菜とコンビーフのマリネ弁当

サニーレタス…適量
ひと口大に切って水にさらし、
パリッとしたら水気をきる。

コンビーフ…適量
1㎝角に切る。

野菜のマリネ…適量

作りおき

サラダ弁当のための

レモン風味の肉そぼろ

食欲そそる、すっぱ辛い豚肉のそぼろです。
これがあるだけで、
タイ風のエスニックなお弁当が簡単に作れます。

【材料】3～4食分

豚ひき肉（赤身）…200g
水…大さじ2
レモンの薄切り…3枚
万能ねぎ…5本
玉ねぎ…1/4コ

A
塩…小さじ1/3
砂糖…小さじ2
しょうゆ…小さじ1
赤唐辛子（粗びき）…少々
レモン汁…大さじ2

【作り方】

❶レモンの薄切りはいちょう切りにする。万能ねぎは2cm長さ、玉ねぎは薄切りにする。

❷鍋に豚ひき肉、水、レモンを合わせて火にかけ、混ぜながら火を通す。

❸ひき肉がぽろぽろになったら火からおろし、**A**の材料を順番に加えて混ぜる。最後に万能ねぎ、玉ねぎを混ぜ合わせる。

❹保存容器に入れ、粗熱がとれたら冷蔵庫で冷やす。

作りおき

レモン風味の肉そぼろを使って

トマトとそぼろのしそレモンサラダ弁当

レタス…適量
ひと口大に切って水にさらし、パリッとしたら水気をきる。

しそ…適量
ひと口大に切って水にさらし、パリッとしたら水気をきる。

トマト…適量
ひと口大に切る。

レモン風味の肉そぼろ…適量

作りおき

レモン風味の肉そぼろを使って

にんじんといんげんのタイ風サラダ弁当

ミント…適量
葉を摘んで水にさらし、
パリッとしたら水気をきる。

にんじん…適量
ごく細切りにする。

さやいんげん
…適量
2㎝長さに切り、
ゆでる。

レモン風味の
肉そぼろ…適量

作りおき

レモン風味の肉そぼろを使って

ズッキーニとオニオンのタイ風サラダ弁当

クレソン…適量
葉を摘んで水にさらし、パリッとしたら水気をきる。

玉ねぎ…適量
薄切りにして水に15分ほどさらし、水気をきる。

ズッキーニのソテー…適量
ズッキーニは7㎜厚さの輪切りにする。フライパンにサラダ油少々を熱して炒める。

レモン風味の肉そぼろ…適量

作りおき

サラダ弁当のための

白いんげん豆のトマト煮

イタリアの家庭料理を、ちょっとスパイシーにアレンジ。
パンやごはんを添えてもいいですが、
豆いっぱいなので、これだけでもお腹は十分満足するはずです。

【材料】3～4食分

白いんげん豆（水煮）…200g
玉ねぎ…1/2コ
にんにく…1かけ
ベーコン…4枚
さやいんげん…10本
オリーブ油…大さじ1

A
チリペッパー…少々
チリパウダー…大さじ1
ローリエ…1枚

B
トマトジュース（無塩）…300㎖
ケチャップ…大さじ1
塩…小さじ1/2
こしょう…少々

【作り方】

❶玉ねぎ、にんにく、ベーコンは粗みじん切りにする。さやいんげんは2㎝長さに切る。

❷鍋にオリーブ油を中火で熱し、❶を炒める。しんなりしたら白いんげん豆、**A**を加えて炒め合わせる。

❸全体がなじんだら**B**を加え、ときどき混ぜながら、ほとんど汁気がなくなるまで煮詰める。

❹保存容器に入れ、粗熱がとれたら冷蔵庫で冷やす。

作りおき

白いんげん豆のトマト煮を使って

白いんげん豆とソーセージのサラダ弁当

サニーレタス…適量
ひと口大に切って水にさらし、
パリッとしたら水気をきる。

**ボロニア
ソーセージ…適量**
1㎝角に切る。

白いんげん豆のトマト煮…適量

作りおき

白いんげん豆のトマト煮を使って

白いんげん豆とほうれん草のサラダ弁当

レタス…適量
ひと口大に切って水にさらし、パリッとしたら水気をきる。

ほうれん草のソテー…適量
ほうれん草は沸騰した湯でゆでて冷水にとり、水気をしぼって3㎝長さに切る。サラダ油を熱したフライパンで炒める。

白いんげん豆のトマト煮…適量

作りおき
白いんげん豆のトマト煮を使って

白いんげん豆とアボカドのしそ大根サラダ弁当

しそ…適量
ひと口大に切って水にさらし、パリッとしたら水気をきる。

大根…適量
7㎜角に切る。

アボカド…適量
フォークで粗くつぶし、レモン汁少々を混ぜ合わせる。

白いんげん豆のトマト煮…適量

作りおき

サラダ弁当のための

さけのマリネ

こんがり焼いたさけと、野菜たっぷりのマリネは、
何度食べても飽きないおいしさ。
パスタソースにしたり、ボリューム感のあるおかずとして食べたり、
お弁当に便利な作りおきです。

【材料】3～4食分

さけの切り身…3切れ
塩、こしょう…各少々
オリーブ油…大さじ2
玉ねぎ…1/2コ
にんじん…1/6本
ピーマン…1コ

A
酢…大さじ3
塩…小さじ1/4
砂糖…小さじ1/2
ローリエ…1/2枚
こしょう…少々

【作り方】

❶玉ねぎは薄切り、にんじんはせん切り、ピーマンは輪切りにする。

❷保存容器にAを合わせ、❶の野菜を加える。

❸さけの切り身はひと口大に切り、塩こしょうする。フライパンにオリーブ油を中火で熱し、さけをこんがりと焼いて火を通す。

❹❸を油ごと❷の保存容器に入れ、粗熱がとれたら冷蔵庫で冷やす。

作りおき

さけのマリネを使って

サーモンのパスタサラダ弁当

レタス…適量
ひと口大に切って水にさらし、
パリッとしたら水気をきる。

サラダ用
スパゲティ…適量
ゆでて、塩、こしょう、
酢で和える。

さけのマリネ…適量

作りおき
さけのマリネを使って

さけとトマトともやしのマリネ弁当

しそ…適量
ひと口大に切って水にさらし、パリッとしたら水気をきる。

トマト…適量
ひと口大に切る。

もやし…適量
根を摘み取る。沸騰した湯に入れ、すぐにフタをして火を止める。2分おいたらザルにとる。

さけのマリネ…適量

作りおき
さけのマリネを使って

さけときゅうりと大根のマリネ弁当

きゅうり…適量
7㎜角に切る。

大根…適量
7㎜角に切る。

さけのマリネ…適量

作りおき

サラダ弁当のための

かじきまぐろのトマト蒸し煮

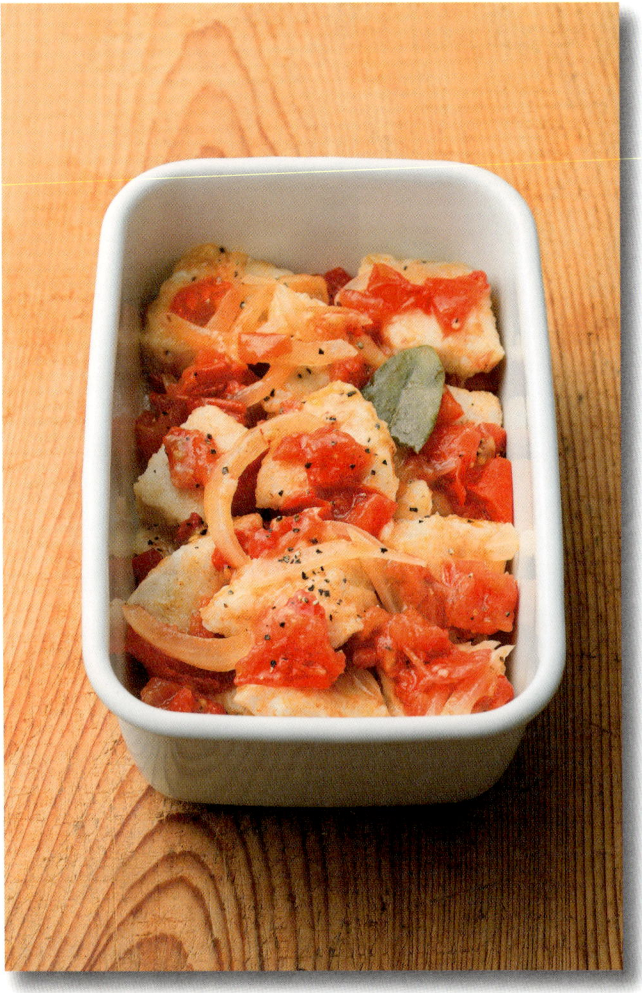

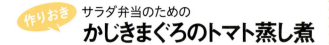

フライパンひとつで作れるイタリアンなおかずです。
小さめの角切りにしたかじきまぐろがポイント。
ほかの食材とも混ぜ合わせやすく、スープジャーサラダに最適です。

【材料】3～4食分

かじきまぐろ…3切れ
トマト…大1コ
玉ねぎ…1/4コ
塩、こしょう…各少々
薄力粉…少々
オリーブ油…大さじ2
粗びき黒こしょう…少々
白ワイン…大さじ2

A
ローリエ…1枚
タイム…少々
オレガノ…少々

【作り方】

❶トマトは1㎝角に切る。玉ねぎは5㎜幅の細切りにする。かじきまぐろは2㎝角に切って塩こしょうし、薄力粉をはたきつける。

❷フライパンにオリーブ油を中火で熱し、かじきまぐろを入れる。両面こんがり焼いたら**A**を加え、トマト、玉ねぎを乗せ、塩、粗びき黒こしょうをふる。

❸白ワインをふり入れ、フタをして5分ほど蒸し煮にし、火を通す。

❹保存容器に入れ、粗熱がとれたら冷蔵庫で冷やす。

作りおき

かじきまぐろのトマト蒸し煮を使って

かじきまぐろとマッシュルームのトマトサラダ弁当

ベビーリーフ…適量
洗って水気をきる。

マッシュルームのソテー…適量
マッシュルームは石づきを取って、たて半分に切る。サラダ油を熱したフライパンで炒める。

かじきまぐろのトマト蒸し煮…適量

作りおき

かじきまぐろのトマト蒸し煮を使って

かじきまぐろとアスパラと大根のトマトサラダ弁当

大根…適量
細切りにする。

ラディッシュ…適量
薄い輪切りにする。

アスパラガス…適量
3㎝長さに切り、ゆでる。

かじきまぐろのトマト蒸し煮…適量

作りおき

かじきまぐろのトマト蒸し煮を使って

かじきまぐろとにんじんとピーマンのトマトサラダ弁当

にんじん…適量
ごく細切りにする。

ピーマン…適量
5㎜幅の輪切りにし、ゆでる。

かじきまぐろのトマト蒸し煮…適量

作りおき

サラダ弁当のための

ポテトサラダ

ごはんにも、パンにも合う、みんなが大好きなポテサラ。
具材にハムを使うのが定番ですが、
今回はえびを使うことで、新しいおいしさと出合えます。

【材料】3〜4食分

じゃがいも…3コ
えび…4尾
玉ねぎ…1/4コ
きゅうり…1/4本
にんじん…1/6本
マヨネーズ…大さじ4

A
酢…小さじ2
塩…少々
こしょう…少々

【作り方】

❶じゃがいもは皮をむいてひと口大に切って水洗いし、鍋に入れて水からゆでる。じゃがいもが柔らかくなったら湯を捨て、そのまま火にかけて水分をとばす。火からおろし、Aを加えてフォークでざっとつぶして冷ます。

❷えびは背わたを取り、殻をむいて尾を取って、1㎝幅に切る。ゆでてザルにとって冷ます。

❸玉ねぎ、きゅうり、にんじんは7㎜角に切る。

❹❶に❷のえび、❸の野菜、マヨネーズを加え、混ぜ合わせる。

❺保存容器に入れ、冷蔵庫で冷やす。

ソーセージとえびのポテトサラダ弁当

グリーンカール…適量
ひと口大に切って水にさらし、
パリッとしたら水気をきる。

トマト…適量
1cm角に切って、塩、
こしょう、酢各少々
を混ぜ合わせる。

**ボロニア
ソーセージ…適量**
1cm角に切る。

ポテトサラダ…適量

作りおき

ポテトサラダを使って

カッテージチーズのさっぱりポテトサラダ弁当

レタス…適量
ひと口大に切って水にさらし、パリッとしたら水気をきる。

ラディッシュ…適量
薄い輪切りにする。

カッテージチーズ…適量

万能ねぎ…適量
小口切りにする。

ポテトサラダ…適量

作りおき

ポテトサラダを使って

アスパラとマッシュルームのポテトサラダ弁当

クレソン…適量
葉を摘んで水にさらし、
パリッとしたら水気をきる。

マッシュルームのソテー…適量
マッシュルームは石づきを取ってたて
半分に切り、サラダ油を熱したフライ
パンで炒める。

**アスパラガス
…適量**
3㎝長さに切り、ゆでる。

ポテトサラダ…適量

作りおき

サラダ弁当のための

マカロニサラダ

どこか懐かしいマカロニサラダは、
おかずにもなるし、そのまま主食にもなる
お弁当づくりの強い味方。
ごくシンプルなレシピなので、どんな食材とも相性バッチリです。

【材料】3～4食分

マカロニ…80 g
玉ねぎ…1/4 コ
トマト…1/2 コ
ロースハム…2枚
マヨネーズ…大さじ4
こしょう…少々

A
酢…小さじ2
塩…少々
こしょう…少々

【作り方】

❶マカロニは標示通りにゆでて湯をきる。熱いうちに**A**を加えて混ぜ合わせる。

❷玉ねぎは薄切り、トマトとロースハムは1cm角に切る。

❸❶に❷を合わせ、マヨネーズ、こしょうを加えて混ぜ合わせる。

❹保存容器に入れ、冷蔵庫で冷やす。

作りおき

マカロニサラダを使って

カレー風味のほたてのマカロニサラダ弁当

グリーンカール…適量
ひと口大に切って水にさらし、パリッとしたら水気をきる。

ほたてのカレーソテー…適量
ほたての貝柱に塩、こしょう、カレー粉をふって、サラダ油で炒めて火を通す。

マカロニサラダ…適量

作りおき

マカロニサラダを使って

ツナとブロッコリーのマカロニサラダ弁当

ベビーリーフ…適量
洗って水気をきる。

ツナ…適量
粗くほぐす。

ブロッコリー…適量
小さく分けて、ゆでる。

マカロニサラダ…適量

作りおき
マカロニサラダを使って

かにかまといんげんのマカロニサラダ弁当

レタス…適量
ひと口大に切って水にさらし、パリッとしたら水気をきる。

かにかまぼこ…適量

さやいんげん…適量
2㎝長さに切り、ゆでる。

マカロニサラダ…適量

作りおき

サラダ弁当のための

きのことオリーブのマリネ

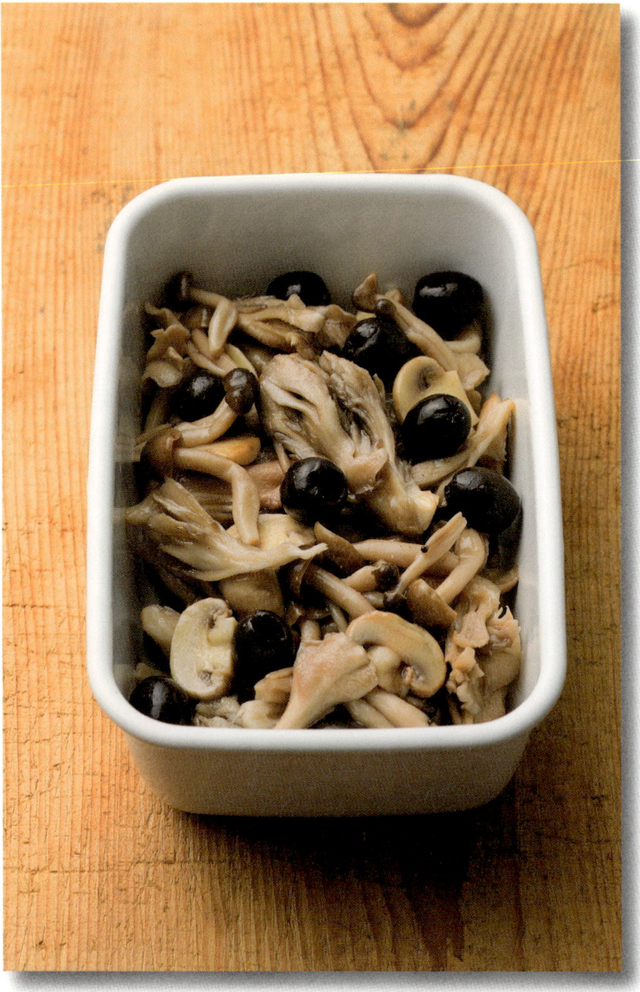

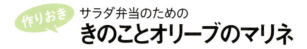

きのこたっぷりでヘルシーな、イタリアンな常備菜。
隠し味でしょうゆを使っているので、
ごはんにも合うサラダが作れます。

【材料】3～4食分

マッシュルーム…1パック
しめじ…1パック
まいたけ…1パック
ブラックオリーブ…12コ
オリーブ油…大さじ2
赤ワイン…大さじ2
しょうゆ…小さじ1
塩、こしょう…各少々
酢…大さじ2

【作り方】

❶マッシュルームは5㎜幅に切る。しめじ、まいたけは小さく手で裂く。

❷フライパンにオリーブ油を中火で熱し、❶のきのこを入れて炒める。

❸きのこがこんがりしたらブラックオリーブを加えて強火にし、赤ワイン、しょうゆを注いで炒め合わせ、塩こしょうで味をととのえる。

❹❸を保存容器に入れ、酢をからめる。粗熱がとれたら冷蔵庫で冷やす。

作りおき

きのことオリーブのマリネを使って

トマトといんげんときのこのマリネサラダ弁当

ミント…適量
葉を摘んで水にさらし、
パリッとしたら水気をきる。

トマト…適量
1㎝角に切って、塩、
こしょう、酢各少々を
混ぜ合わせる。

さやいんげん…適量
2㎝長さに切り、
ゆでる。

カッテージチーズ…適量

きのことオリーブのマリネ…適量

作りおき

きのことオリーブのマリネを使って

ソーセージとにんじんときのこのマリネサラダ弁当

サニーレタス…適量
ひと口大に切って水にさらし、
パリッとしたら水気をきる。

にんじん…適量
ごく細切りにする。

ボロニア
ソーセージ…適量
1㎝角に切る。

きのことオリーブのマリネ…適量

作りおき

サラダ弁当のための

アボカドのタルタル

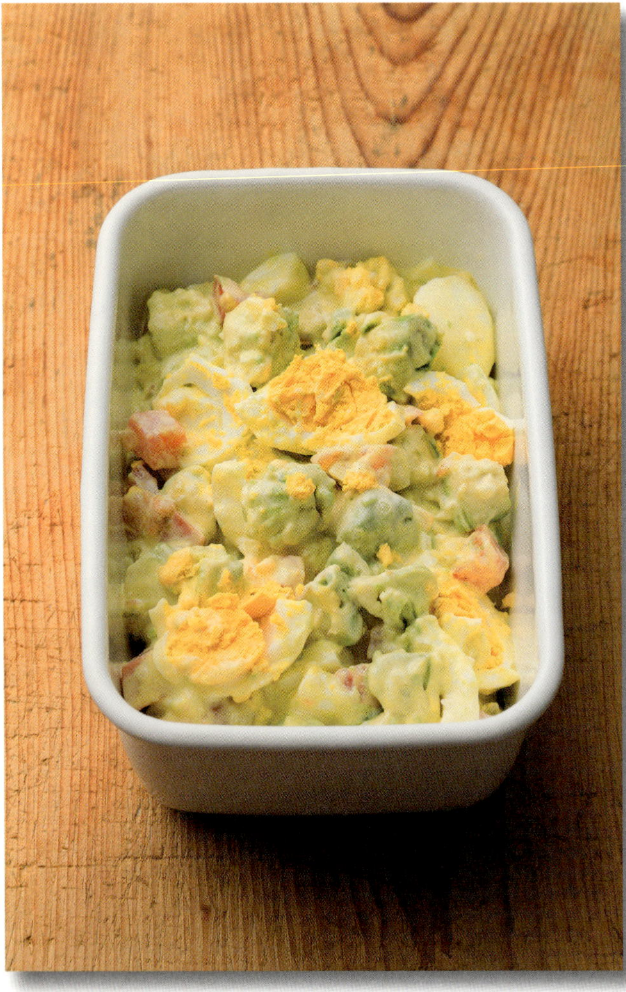

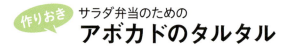

青春出版社

出版案内

http://www.seishun.co.jp/

青春新書 INTELLIGENCE
こころ涌き立つ「知」の冒険

●住まない●売れない
●分けられない……「どうする？親の家」

やってはいけない「実家」の相続

実家を「空き家」にしない最良のしまい方とは？ 相続専門の税理士が教えるモメない新常識！ 新書判 820円＋税

税理士法人レガシィ
代表社員税理士
天野 隆

978-4-413-04450-9

●思いのままに動かしたのに感謝されちゃう！

限りなく黒に近いグレーな心理術《メンタリズム》

もうそろそろ、ダマされてばかりのいい人、卒業しませんか？
うまい人がやってる「グレーな手口」を、「メンタリズム」で丸ごと解き明かす！
四六判並製 1380円＋税

メンタリスト
DaiGo

978-4-413-03955-0

〒162-0056 東京都新宿区若松町 12 - 1 ☎03(3203)5121 FAX 03(3207)0982
書店にない場合は、電話またはFAXでご注文ください。代金引換宅配便でお届けします(要送料)。
＊表示価格は本体価格。消費税が加わります。

1506実-A

青春新書 INTELLIGENCE こころ涌き立つ「知」の冒険

青春新書インテリジェンス

- **やってはいけない頭髪ケア** 努力をムダにしない頭髪ケアの決定版！ 板羽忠徳 838円
- **その日本語 仕事で恥かいてます** 気をつけよう、そのひと言で台無しに!? 福田 健【監修】 833円
- **文法いらずの「単語ラリー」英会話** 「単語だけ」で、バッチリ通じる《魔法の方法》 晴山陽一 815円
- **血管を「ゆるめる」と病気にならない** 最先端研究でわかった血管が若返る習慣 根来秀行 830円
- **Windows8.1はそのまま使うな！** 〝本当の使い方〟がわかると、驚くほど操作が速くなる！ リンクアップ 740円
- **「疲れ」がとれないのは糖質が原因だった** 「疲れたときの甘いもの」がさらなる疲れを招いていた！ 溝口 徹 840円
- **パワーナップの大効果！ 脳と体の疲れをとる仮眠術** 3分間でスッキリ！ 頭もよくなる〝パワーナップ〟のススメ 西多昌規 830円
- **話は8割捨てるとうまく伝わる** 頭がいい人の「わかってもらえる」伝え方！ 樋口裕一 830円

! なるほど、ちょっとした違いで印象がこうも変わるのか！

85万部！

ほめる、もてなす、頼む、断る、謝る、反論する…
達人たちの絶妙な言い回し、厳選1000項目

一生使えるフレーズ事典！

話題の達人倶楽部［編］

978-4-413-11074-7

! おもしろ特訓メニューで語彙力&表現力がメキメキアップ！

30万部！

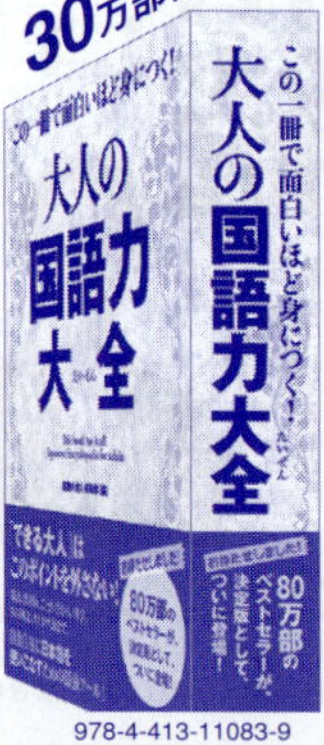

978-4-413-11083-9

破！

! 人の心はここまで「透視」できる！

078-5

ほんとうのあなたに出逢う

青春文庫

- たった1分美肌フェイスニング　シミ、たるみが消える。ハリとツヤに大効果！　犬童文子　680円
- 30分で達人になる インスタグラムとヴァイン　無料で楽しめる2つのSNSをどこよりもわかりやすく解説　戸田　覚　680円
- 稼ぎ続ける人の話し方 ずっと貧乏な人の話し方　無料（ただ）の言葉がお金になって返ってくる！　松尾昭仁　690円
- 「話を聞ける子」が育つママのひと言　いま話題の「アドラー心理学」を使った子育て　星　一郎　640円
- たった1秒 iPhoneのスゴ技130　知らないままではもったいない〝裏ワザ〟〝㊙ワザ〟を大公開!!　戸田　覚　650円
- たった10秒！「視力復活」眼筋トレーニング　視力を決定づける6種類の眼筋を徹底的に鍛える！　若桜木虔　640円
- これは便利！ フライパンひとつで77の裏ワザ　「炒める」「焼く」だけでなく、工夫次第であらゆる調理が！　検見﨑聡美　660円
- 脚がスパッ！ときれいになる「足ゆび」ストレッチ　美脚のスペシャリストが明かす、下半身やせの極意　斉藤美恵子　700円
- わかっていてもやっぱりうれしい ほめ言葉辞典　ひとつ上の「モノの言い方」が身につく魔法のフレーズ集！　話題の達人倶楽部［編］　610円
- 小さなことに落ち込まない こころの使い方　行動ひとつで、こころは驚くほど変わる！　晴香葉子　550円
- 玄関から始める 片づいた暮らし　「まずは玄関だけ！」の片づけが、実は「家全体キレイ」への近道　広沢かつみ　640円
- 病気にならない 夜9時からの粗食ごはん　なるほど！この食べ方なら、胃もたれしない！太らない！　幕内秀夫　650円
- ひと目でわかる！ 賢い犬の育て方 困った犬の育て方　散歩、トイレ、ほめ方……カリスマ訓練士が教える意外な法則　藤井　聡　650円
- ここを教えてほしかった！ 料理上手のおいしいメモ帳　料理研究家が20年以上かけて培った〝料理のツボ〟を大公開　中野佐和子　600円
- cuteとprettyはどう違う？　英語のビミョーな違いが「ひと目」でわかる本　ジェリー・ソーレス　740円
- 日本人の心に染みる伝え方 これを大和言葉で言えますか？　会話や手紙が美しく品よく変わる、言い換え実例集　知的生活研究所　640円

表示は本体価格

新しい生き方の発見!　毎日が楽しくなる

四六判ほか話題の書

- [A5並製判] **塩レモンでつくるおうちイタリアン** 話題の手づくり調味料・塩レモンを120%使いこなす　森崎繭香　1280円
- **ためない習慣** 暮らしも人生も「滞らせない」と気持ちいい!　金子由紀子　1330円
- **なぜ、いつも“似たような人”を好きになるのか** 「恋愛という病」への処方箋　岡田尊司　1400円
- **あなたのまわりに奇跡を起こす 言葉のチカラ** 声にだすだけで魂が動く! 人生が変わる!　越智啓子　1400円
- **こう描けば、そう見える! 水彩画「下書き」の裏ワザ** 図形や記号を組み合わせて描くと、絵は驚くほど上達する　野村重存　1600円
- **子どもの顔みて食事はつくるな!** 大人中心で考えたほうが子どものためにもいいんです　幕内秀夫　1340円
- **心の目で見た大切なこと、ママに聞かせて** ベストセラー『自分をえらんで生まれてきたよ』りお君の感動エピソード　いんやくのりこ　1350円
- **セスキ&石けんでスッキリ快適生活** ニオイも汚れもたちまち解決する驚きの効果がいっぱい　赤星たみこ　1300円
- **もう叱らなくていい! 1回で子どもが変わる 魔法の言葉** しつけも勉強もうまくいく親の習慣　親野智可等　1350円
- **脳を育てる親の話し方** 1万人の脳を分析した医師が教える、本当に使える“育脳法”　加藤俊徳　吉野加容子　1300円
- [A5並製判] **こうすればスラスラ書ける! 受かる小論文の最速レッスン帳** “小論文の神様”による、ステップアップ形式の問題演習本　樋口裕一　白藍塾　1280円
- [A5並製判] **1週間 買い物リストダイエット** キレイにやせたい人は、食材リストを作ってまとめ買い!　森由香子　1100円
- [B5変型判] **野菜いためは弱火でつくりなさい いつもの家庭料理が急に美味しくなる33のレシピ** 一生使える「火・塩・切り方」の極意　水島弘史　1480円
- [A5並製判] **ボケない脳をつくる「ニンニク油」** 物忘れがなくなる!　免疫力がアップする!　篠浦伸禎　1350円
- **幸せの神さまとつながるお掃除の作法** 神さまに好かれる人になる毎日の習慣　西邑清志　1300円
- [B5並製判] **字がどんどんうまくなる「なぞり書き」練習帳** 「伝えたいひと言」がきれいに、すぐ書けるようになる!　山下静雨　1000円

表示は本体価格

アボカドとゆで卵をたっぷり使った、
食べごたえのあるタルタルサラダ。
クリーミーでまろやかな味わいは、少量でも満足感を与えてくれます。

【材料】3～4食分

アボカド…1コ
レモン汁…大さじ1
ゆで卵…4コ
玉ねぎ…1/4コ
ピクルス…1本
トマト…1/2コ
マヨネーズ…大さじ4
塩、こしょう…各少々

【作り方】

❶アボカドは1cm角に切り、レモン汁、塩、こしょうを混ぜる。

❷ゆで卵はひと口大にフォークで割る。玉ねぎ、ピクルスはみじん切り、トマトは1cm角に切る。

❸❶と❷を合わせ、マヨネーズ、塩、こしょうで味をととのえる。

❹保存容器に入れ、冷蔵庫で冷やす。

作りおき

アボカドのタルタルを使って

ブロッコリーとほたてのタルタルサラダ弁当

ブロッコリー…適量
小さく分けて、ゆでる。

ほたてのカレーソテー…適量
ほたての貝柱に塩、こしょう、カレー粉をふって、サラダ油で炒めて火を通す。

アボカドのタルタル…適量

作りおき

アボカドのタルタルを使って

トマトとコンビーフのタルタルサラダ弁当

クレソン…適量
葉を摘んで水にさらし、
パリッとしたら水気をきる。

トマト…適量
ひと口大に切る。

コンビーフ…適量
1㎝角に切る。

アボカドのタルタル…適量

作りおき

アボカドのタルタルを使って

にんじんとほうれん草のタルタルサラダ弁当

にんじん…適量
ごく細切りにする。

万能ねぎ…適量
小口切りにする。

ほうれん草のソテー…適量
ほうれん草は沸騰した湯でゆでて冷水にとり、水気をしぼって3㎝長さに切る。サラダ油を熱したフライパンで炒める。

アボカドのタルタル…適量

作りおき

サラダ弁当のための

蒸し鶏

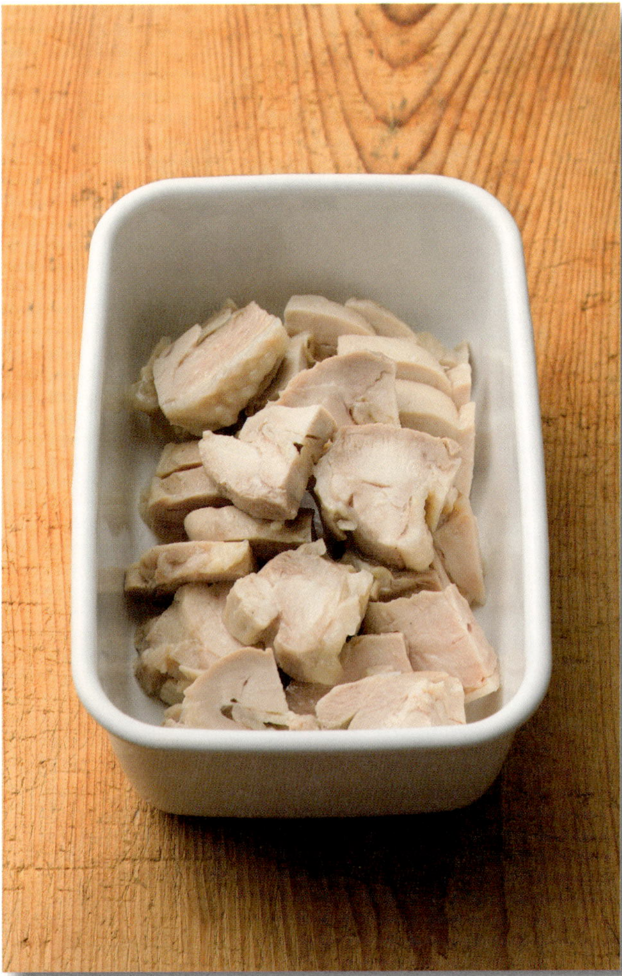

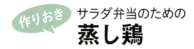

鶏肉を鍋に入れて蒸しゆでにするだけ。
忙しい人や料理が苦手な人に、特におすすめです。
作っておけば、洋風にも、和風にも、中華にもアレンジできて、
お弁当づくりに大活躍します。

【材料】3～4食分

鶏もも肉…1枚（300g）

A
- 塩…小さじ1/4
- こしょう…少々
- 酒…大さじ1

【作り方】

❶鶏もも肉は鍋に入れ、**A**をもみ込む。

❷鶏肉の厚みの半分まで熱湯を加え、フタをして中火にかける。沸騰したら弱火にし、8分蒸しゆでにする。

❸火からおろしてフタをしたまま冷まし、5㎜厚さのひと口大に切る。

❹保存容器に入れ、冷蔵庫で冷やす。

作りおき

蒸し鶏を使って

蒸し鶏の中華風サラダ弁当

きゅうり…適量
細切りにする。

もやし…適量
根を摘み取る。沸騰した湯に入れ、すぐにフタをして火を止める。2分おいたらザルにとる。

蒸し鶏…適量
塩、粉山椒、ごま油各少々をふる。

蒸し鶏とアボカドのサラダ弁当

レタス…適量
ひと口大に切って水にさらし、
パリッとしたら水気をきる。

ラディッシュ…適量
薄い輪切りにする。

アボカド…適量
フォークで粗くつぶしてレモン汁少々をふり、マヨネーズ適量を加えて混ぜ合わせる。

蒸し鶏…適量

蒸し鶏とゴーヤーとトマトのサラダ弁当

ベビーリーフ…適量
洗って水気をきる。

トマト…適量
1㎝角に切って、塩、こしょう、酢各少々を混ぜ合わせる。

ゴーヤー…適量
たて半分に切って種とワタを取り除き、5㎜幅に切ってさっとゆでる。

蒸し鶏…適量

作りおき

サラダ弁当のための

ポトフ

ポトフといえば、温かい料理の代名詞のようなもの。
でも実は、冷やして食べてもおいしいのです。
ぜひ一度試してみてください。
暑い日の定番メニューになるかもしれませんよ。

【材料】3～4食分

牛ももかたまり肉…250g
セロリ…1本
玉ねぎ…1コ
にんじん…1本
水…適量（600～800㎖）
塩…少々

A
酒…大さじ2
ローリエ…1枚
黒粒こしょう…小さじ1
塩…小さじ1/2

【作り方】

❶牛肉は2.5㎝角に切る。セロリは2㎝長さに、玉ねぎは芯をつけたまま4等分に、にんじんはたて半分にしてから2㎝長さに切る。

❷鍋に牛肉を入れ、かぶるくらいの水を注ぐ。Aを加えて強火にかけ、沸騰したら弱火にし、アクを取りながら40分煮る。

❸セロリ、玉ねぎ、にんじんを加えて中火にし、さらに20分コトコトと煮込む。

❹肉が柔らかくなったら塩で味をととのえる。

❺保存容器に入れ、粗熱がとれたら冷蔵庫で冷やす。

作りおき

ポトフを使って

和風おろしポトフ弁当

サニーレタス…適量
ひと口大に切って水にさらし、パリッとしたら水気をきる。

みょうが…適量
薄い輪切りにして水にさらし、水気をきる。

大根おろし…適量
ザルに入れて水気をきる。

ポトフ…適量

作りおき
ポトフを使って

カプレーゼ風ポトフ弁当

バジル…適量
葉を摘んで水にさらし、パリッとしたら水気をきる。

カッテージチーズ…適量

トマト…適量
ひと口大に切る。

ポトフ…適量

作りおき
ポトフを使って

マッシュルームいっぱいのポトフ弁当

ベビーリーフ…適量
洗って水気をきる。

マッシュルームのソテー…適量
マッシュルームは石づきを取って、たて半分に切る。サラダ油を熱したフライパンで炒める。

ポトフ…適量

作りおき

サラダ弁当のための

トマトと卵の炒め物

甘酸っぱいトマトとまろやかな卵が絶妙においしいお惣菜。
食欲がないときでも、ひんやり冷たいこの炒め物なら、
もりもり食べられそうです。
ほかの野菜との相性もいいので、いろいろなバリエーションが
楽しめます。

【材料】3～4食分

トマト…2コ
玉ねぎ…1/4コ
にんにく…1/2かけ
ベーコン…4枚
卵…4コ
オリーブ油…大さじ1
トマトジュース（無塩）…100mℓ
ケチャップ…大さじ1
塩…小さじ1/4
こしょう…少々

【作り方】

❶トマトはひと口大に切る。玉ねぎ、にんにく、ベーコンはみじん切りにする。卵は溶きほぐす。

❷フライパンにオリーブ油を中火で熱し、玉ねぎ、にんにく、ベーコンを炒める。しんなりしたらトマトを加えて炒め合わせる。

❸トマトの形がくずれはじめたらトマトジュース、ケチャップを加え、強火にして7～8分煮詰める。

❹塩こしょうで味をととのえ、溶き卵を流し入れ、卵に火が通るまで炒める。

❺保存容器に入れ、粗熱がとれたら冷蔵庫で冷やす。

作りおき

トマトと卵の炒め物を使って

ズッキーニとトマトと卵の炒めサラダ弁当

ベビーリーフ…適量
洗って水気をきる。

カッテージチーズ…適量

ズッキーニのソテー…適量
ズッキーニは7㎜厚さの輪切りにし、サラダ油を熱したフライパンで炒める。

トマトと卵の炒め物…適量

作りおき

トマトと卵の炒め物を使って

ゴーヤーとトマトと卵の炒めサラダ弁当

バジル…適量
葉を摘んで水にさらし、パリッとしたら水気をきる。

玉ねぎ…適量
薄切りにして水に15 分ほどさらし、水気をきる。

ゴーヤー…適量
たて半分に切って種とワタを取り除き、5㎜幅に切ってさっとゆでる。

トマトと卵の炒め物…適量

作りおき

トマトと卵の炒め物を使って

アボカドとトマトと卵の炒めサラダ弁当

ラディッシュ…適量
薄い輪切りにする。

グリーンカール…適量
ひと口大に切って水にさらし、パリッとしたら水気をきる。

アボカド…適量
フォークで粗くつぶしてレモン汁少々をふり、マヨネーズ適量を加えて混ぜ合わせる。

トマトと卵の炒め物…適量

サラダ弁当のための

作りおき

かぼちゃとズッキーニのカレーみそ炒め

カレー粉とみその組み合わせはちょっと意外かもしれませんが、
クセになるおいしさです。
しかも、甘みのある野菜との相性は絶妙。
和食？　洋食？　エスニック？
そんなジャンルにとらわれない炒め物です。

【材料】3～4食分

かぼちゃ…1/8コ
ズッキーニ…1本
厚揚げ…大1枚
オリーブ油…大さじ1
カレー粉…小さじ1

A
湯…50mℓ
みそ…大さじ3
砂糖…大さじ2

【作り方】

❶かぼちゃ、ズッキーニは7㎜厚さのひと口大に切る。厚揚げはゆでて油抜きし、小さくちぎる。

❷フライパンにオリーブ油を中火で熱し、❶のかぼちゃ、ズッキーニ、厚揚げを炒める。こんがりしたらカレー粉を加えて炒め合わせ、なじませる。

❸**A**を順番に加えてみそを溶かし、汁気がなくなるまで炒める。

❹保存容器に入れ、粗熱がとれたら冷蔵庫で冷やす。

作りおき

かぼちゃとズッキーニのカレーみそ炒めを使って

ゴーヤーとかぼちゃとズッキーニの和風サラダ弁当

しそ…適量
ひと口大に切って水にさらし、
パリッとしたら水気をきる。

みょうが…適量
薄い輪切りにして水にさらし、
水気をきる。

ゴーヤー…適量
たて半分に切って種
とワタを取り除き、
5㎜幅に切ってさっ
とゆでる。

かぼちゃとズッキーニの
カレーみそ炒め…適量

作りおき

かぼちゃとズッキーニのカレーみそ炒めを使って

トマトとかぼちゃとズッキーニのサラダ弁当

ベビーリーフ…適量
洗って水気をきる。

トマト…適量
ひと口大に切る。

かぼちゃとズッキーニの
カレーみそ炒め…適量

作りおき

かぼちゃとズッキーニのカレーみそ炒めを使って

いんげんとかぼちゃとズッキーニのサラダ弁当

レタス…適量
ひと口大に切って水にさらし、パリッとしたら水気をきる。

ラディッシュ…適量
薄い輪切りにする。

さやいんげん…適量
2㎝長さに切り、ゆでる。

かぼちゃとズッキーニのカレーみそ炒め…適量

サラダ弁当のための

作りおき

なすとオクラとあじの揚げびたし

甘酸っぱくて薬味いっぱいの揚げびたしは、
夏の食材とは特に相性抜群。
作りたてよりも、翌日以降のほうが味がしみておいしいので、
作りおきには、もってこいですね。

【材料】3～4食分

なす…3本
オクラ…1パック
赤パプリカ…1/2コ
あじ（三枚おろし）…6枚
塩、こしょう…各少々
片栗粉…適量
揚げ油…適量

A
しょうがのみじん切り…1かけ分
長ねぎのみじん切り…10㎝分
しょうゆ…大さじ2
酒…大さじ2
酢…大さじ2
砂糖…大さじ1/2

【作り方】

❶保存容器に、Aの材料を合わせておく。

❷なすはたて半分に切り、皮目に細かく切り込みを入れ、ひと口大に切る。オクラは爆発防止のため、全体を竹串で刺して穴をあける。赤パプリカは乱切りにする。あじはひと口大に切り、塩こしょうして片栗粉をはたきつける。

❸170～180度の揚げ油で❷の野菜とあじをカラリと揚げ、油をきって❶につける。揚げる代わりに、多めの油で炒め揚げにしても。

❹粗熱がとれたら、冷蔵庫で冷やす。

作りおき

なすとオクラとあじの揚げびたしを使って

夏野菜とあじのさっぱりサラダ弁当

クレソン…適量
葉を摘んで水にさらし、
パリッとしたら水気をきる。

トマト…適量
ひと口大に切る。

なすとオクラとあじの揚げびたし…適量

作りおき

なすとオクラとあじの揚げびたしを使って

夏野菜とあじのハーブサラダ弁当

バジル…適量
葉を摘んで水にさらし、パリッとしたら水気をきる。

にんじん…適量
ごく細切りにする。

玉ねぎ…適量
薄切りにして水に 15 分ほどさらし、水気をきる。

なすとオクラとあじの揚げびたし…適量

作りおき

なすとオクラとあじの揚げびたしを使って

夏野菜とあじのおろしサラダ弁当

レタス…適量
ひと口大に切って水にさらし、
パリッとしたら水気をきる。

大根おろし…適量
ザルに入れて水気をきる。

なすとオクラとあじの揚げびたし…適量

作りおき

サラダ弁当のための

あじとれんこんのみそでんぶ

甘辛くて、しょうがの風味がきいた、お弁当にぴったりの常備菜です。
あじは干物を使うので手軽にできますし、干物ならではの凝縮した味わいが楽しめます。れんこんの食感もおいしいアクセントです。

【材料】3～4食分

あじの干物…2枚
れんこん…50g（小1/3節）
しょうが…大1かけ
ごま油…小さじ1
白いりごま…大さじ1

A
酒…大さじ2
砂糖…大さじ2
みそ…大さじ2

【作り方】

❶あじの干物はグリルでこんがりと焼いて火を通し、身をはずしてざっとほぐす。れんこん、しょうがはみじん切りにする。

❷鍋にAを入れてよく混ぜ合わせる。中火にかけて、❶のあじ、れんこん、しょうがを加え、ヘラで混ぜながら煎る。

❸ほとんど汁気がなくなったら火を止め、ごま油、いりごまを加えて混ぜる。

❹保存容器に入れ、粗熱がとれたら冷蔵庫で冷やす。

作りおき

あじとれんこんのみそでんぶを使って

きゅうりとトマトのみそでんぶサラダ弁当

きゅうり…適量
薄い輪切りにする。

トマト…適量
1㎝角に切って、塩、こしょう、酢各少々を混ぜ合わせる。

あじとれんこんのみそでんぶ…適量

作りおき

あじとれんこんのみそでんぶを使って

大根のみそでんぶサラダ弁当

サニーレタス…適量
ひと口大に切って水にさらし、
パリッとしたら水気をきる。

大根…適量
7㎜角に切る。

あじとれんこんのみそでんぶ…適量

作りおき

あじとれんこんのみそでんぶを使って

にんじんといんげんのみそでんぶサラダ弁当

にんじん…適量
ごく細切りにする。

さやいんげん…適量
2㎝長さに切り、ゆでる。

あじとれんこんのみそでんぶ…適量

作りおき

サラダ弁当のための

麻婆豆腐

おなじみの中華料理も、冷たく冷やして食べると、
また違ったおいしさに。
ひんやりピリ辛のマーボー弁当を、ぜひ体験してください。

【材料】3～4食分

絹ごし豆腐…1丁
豚ひき肉（赤身）…100g
にんにく…1/2かけ
しょうが…1かけ
セロリ…1/4本
にんじん…1/6本
玉ねぎ…1/4コ
長ねぎ…1/2本
ごま油…大さじ1
豆板醤…小さじ1/2
水溶き片栗粉…少々

A
水…150mℓ
塩…少々
砂糖…小さじ1/2
オイスターソース…小さじ1/2
こしょう…少々

【作り方】

❶豆腐は1cm角に切り、水からゆでて沸騰したらザルにとる。

❷にんにく、しょうがはみじん切りにする。セロリ、にんじん、玉ねぎ、長ねぎは5mm角に切る。

❸フライパンにごま油、にんにくを入れて中火にかけ、熱くなったら豚ひき肉を入れて炒める。カリッとしたら豆板醤を加えて炒め、セロリ、にんじん、玉ねぎ、しょうがを加えて炒め合わせる。

❹Aと豆腐を加え、沸騰したら5～6分煮る。水溶き片栗粉を加えてとろみをつけ、長ねぎを加える。

❺保存容器に入れ、粗熱がとれたら冷蔵庫で冷やす。

作りおき
麻婆豆腐を使って

夏野菜の麻婆サラダ弁当

玉ねぎ…適量
薄切りにして水に 15 分ほどさらし、水気をきる。

きゅうり…適量
細切りにする。

ピーマン…適量
5㎜幅の輪切りにし、さっとゆでる。

麻婆豆腐…適量

大根とブロッコリーの麻婆サラダ弁当

しそ…適量
ひと口大に切って水にさらし、
パリッとしたら水気をきる。

大根…適量
7㎜角に切る。

ブロッコリー…適量
小さく分けて、
ゆでる。

麻婆豆腐…適量

人生を自由自在に活動《プレイ》する

青春新書
PLAYBOOKS

人生の活動源として

いま要求される新しい気運は、最も現実的な生々しい時代に吐息する大衆の活力と活動源である。

文明はすべてを合理化し、自主的精神はますます衰退に瀕し、自由は奪われようとしている今日、プレイブックスに課せられた役割と必要は広く新鮮な願いとなろう。

いわゆる知識人にもとめる書物は数多く窺うまでもない。

本刊行は、在来の観念類型を打破し、謂わば現代生活の機能に即する潤滑油として、逞しい生命を吹込もうとするものである。

われわれの現状は、埃りと騒音に紛れ、雑踏に苛まれ、あくせく追われる仕事に、日々の不安は健全な精神生活を妨げる圧迫感となり、まさに現実はストレス症状を呈している。

プレイブックスは、それらすべてのうっ積を吹きとばし、自由闊達な活動力を培養し、勇気と自信を生みだす最も楽しいシリーズたらんことを、われわれは鋭意貫かんとするものである。

—創始者のことば— 小澤和一